DIE GROSSE MAUER CHINAS

40°43′N 117°15′O

Teilansicht des in den
1980ern renovierten
Jinshanling-Abschnitts
der großen Ming-Mauer
bei Luanping.

DANIEL SCHWARTZ

DIE GROSSE MAUER CHINAS

mit 149 Duotone-Fotografien und 6 Landkarten

Mit Texten von Jorge Luis Borges,
Franz Kafka und Luo Zhewen

WEINGARTEN

Die Originalausgabe dieses Buches erscheint 2001 gleichzeitig unter dem Titel
„The Great Wall of China" im Vereinigten Königreich durch Thames & Hudson Ltd.,
181 High Holborn, London WC1V 7QX, www.thamesandhudson.com

© 1990 und 2001 Thames & Hudson Ltd. London
Fotografien © 1990 und 2001 Daniel Schwartz/Lookat
Vorwort © 2001 Daniel Schwartz

© Die Karten auf den Seiten 210 – 211 wurden reproduziert mit freundlicher
Genehmigung der Staatsbibiliothek zu Berlin - Preussischer Kulturbesitz, Kartenabteilung.
Sign.: Kart. N19271.

„Die Mauer und die Bücher" von Jorge Luis Borges, Essays. 1952-1979, übersetzt von
Karl August Horst u.a., © 1981 Carl Hanser Verlag, München-Wien

Die Deutsche Bibliothek – CIP Einheitsaufnahme
Ein Titeldatensatz für diese Publikation ist bei
Der Deutschen Bibliothek erhältlich

Übersetzung aus dem Englischen von Christian Auffhammer.
© der deutschsprachigen Ausgabe, Kunstverlag Weingarten GmbH, Weingarten, 2001
Satz: Riedmayer GmbH, Weingarten
Gesamtherstellung: Steidl Verlag und Druck, Göttingen

Printed in Germany

ISBN 3-8170-2533-5

40°40'N 117°17'O

Restaurationsarbeiten am unteren Simatai-Abschnitt
der Großen Ming-Mauer, Miyun

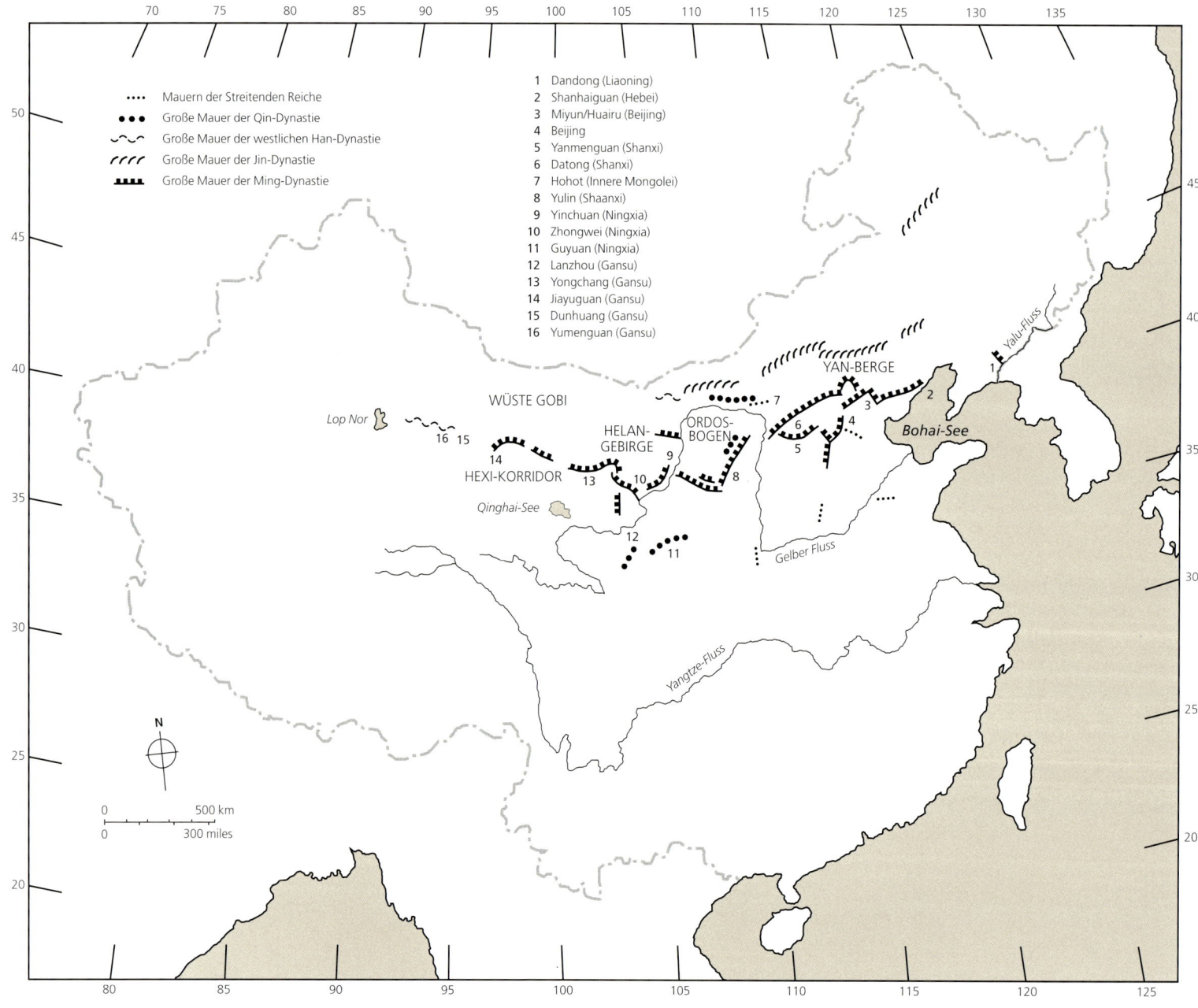

Die erhaltenen Abschnitte der Großen Mauern

····	Mauern der Streitenden Reiche
••••	Große Mauer der Qin-Dynastie
∿	Große Mauer der westlichen Han-Dynastie
⌒⌒⌒	Große Mauer der Jin-Dynastie
⊥⊥⊥	Große Mauer der Ming-Dynastie

1 Dandong (Liaoning)
2 Shanhaiguan (Hebei)
3 Miyun/Huairu (Beijing)
4 Beijing
5 Yanmenguan (Shanxi)
6 Datong (Shanxi)
7 Hohot (Innere Mongolei)
8 Yulin (Shaanxi)
9 Yinchuan (Ningxia)
10 Zhongwei (Ningxia)
11 Guyuan (Ningxia)
12 Lanzhou (Gansu)
13 Yongchang (Gansu)
14 Jiayuguan (Gansu)
15 Dunhuang (Gansu)
16 Yumenguan (Gansu)

WÜSTE GOBI
Lop Nor
HELAN-GEBIRGE
ORDOS-BOGEN
YAN-BERGE
Bohai-See
Yalu-Fluss
HEXI-KORRIDOR
Qinghai-See
Gelber Fluss
Yangtze-Fluss

N

0 — 500 km
0 — 300 miles

INHALT

VORWORT DANIEL SCHWARTZ

Die Große Mauer Chinas gibt es nicht. Der Name steht vielmehr für ein System von Mauern, an dem während 2000 Jahren fast alle Dynastien bauten, die über das Reich der Mitte herrschten. Die heute bekannten Teilstücke erstrecken sich zusammen über mehr als 50.000 Kilometer. Jedes Mauerstück reflektiert die politischen und militärischen Verhältnisse seiner Entstehungszeit: die Ausdehnung des Reiches und die geografische Lage der Hauptstadt, die Stoßrichtung der von den nomadisierenden Reiterstämmen des Nordens ausgehende Gefahr und den Expansionsdrang des jeweiligen Kaisers.

China machte sich wie keine zweite Zivilisation das Architekturelement „Mauer" zu eigen. Über das Mittelalter hinaus umgab es seine Städte mit Mauern. Heute noch entsteht beim Neubau von Fabriken, offiziellen Gebäudekomplexen und Wohnbezirken als erstes die Begrenzungsmauer. Die winzigen Esskammern der Restaurants sind nichts anderes als ummauerte Tische. Oft ist die Mauer wichtiger als das, was sie umschließt.

Die Große Mauer ist vor allem eine Idee. Sie steht für eine Weltanschauung, die unterscheidet zwischen „wir" und „die anderen", und bestimmt wer „drinnen" ist und bleiben muss und wer von „draußen" kommt und vielleicht Einlass erhält, sie ist eine Kopfgeburt. Nachdem mit dem Bau der Mauer in ferner Vergangenheit begonnen worden war, vollzog sich die Verwirklichung dieser Idee quer durch und gegen die harte Natur des Landes wie von selbst. Die Idee in Frage zu stellen war undenkbar.

Was als Verteidigungswerk gegen Gefahren von außen nie wirklich wirksam zu schützen vermochte, war nach innen hin ein formidables Instrument der Kontrolle über die Masse der Bevölkerung und die Bewegungen der ersten westlichen Besucher, der Missionare und Händler. Mittlerweile ziehen Millionen von Migranten vom Hinterland an die Ostküste. China stellt seinen Anteil an der mobilen internationalen Gesellschaft, die zwischen den Zeitzonen und Kontinenten pendelt. Die Datenhighways des Internets vermochte das komplizierte System verzweigter und alle natürlichen Hindernisse überwindender Mauern sowieso nicht zu stoppen.

Die Wirklichkeit Chinas und seiner Mauer hat sich verändert. Im Kopf besitzt das Konzept der Großen Mauer, der „Mutter aller Mauern", aber weiterhin Gültigkeit. Politisches Handeln verläuft trotz des Blickes, den das Reich der Mitte unter Deng Xiaoping über seine Mauern zu werfen begann, nach altem Muster. Im Juni 1989 rief der Wirtschaftsreformer zur Niederschlagung der Demokratiebewegung Panzer auf den Tienanmen-Platz. Unmissverständlich zeigte er damit der Welt, deren Wirtschaftsnationen eben in das sich öffnende China hineinzutaumeln begonnen, dass die Große Mauer durchaus als Symbol staatlicher Souveränität gelten kann, die fremde Einmischung verbietet und sich für kein menschenrechtswidriges Handeln – auf dem Platz des Himmlischen Friedens, in Tibet oder neuerdings im muslimischen fernen Westen – zu rechtfertigen gewillt ist.

Als ich 1987/88 für das Buch, das 1991 in der englischen Erstausgabe und in anderer Ausstattung erschien, fotografierte, öffnete sich China gerade auch für Einzelreisende. Bewegen durfte ich mich allerdings nur auf festen Routen zwischen den Provinzhauptstädten und auf Seitenexkursionen zu Sehenswürdigkeiten. An verschiedenen Stellen wurde Deng Xiaopings Aufruf „Liebt das Mutterland und baut die Große Mauer wieder auf" Folge geleistet. Eine Gondelbahn wurde installiert, und die Mauer war Hintergrund für Werbespots und Motorradweitsprünge. Zwischen den wenigen touristisch attraktiven Stellen und den relativ gut erreichbaren Punkten aber wand sich die Mauer oder das, was von ihr übrig geblieben war, unberührt über die östlichen Gebirgszüge, durch die Lösslandschaft des Ordos-Bogens und entlang dem Südrand der Wüste Gobi.

Der Großen Mauer vom Anfang zum Ende entlangzureisen war unmöglich. Die Festungen von Shanhaiguan und Jiayuguan markieren nur behelfsmäßig diese zwei Punkte. An welcher Stelle des weitgehend verschollenen östlichen Ausläufers zur koreanischen Halbinsel hin ich die Reise beginnen und wo genau in der hellen leeren Weite der Wüste Takklamakhan ich die letzte Spur der westlichen Verlängerung der Han-Dynastie finden würde war dem Zufall oder dem Schicksal überlassen, dem guten Willen oder der Willkür eines Funktionärs. Beide Orte, Anfang und Ende, waren nur mutmaßlich festzulegen. Dazwischen suggerierten die Karten der Geschichtsbücher einen allgemeinen, von Ost nach West weisenden Verlauf. Aber schon auf den Fliegerkarten war ersichtlich, dass auf dem Boden kein kontinuierliches Band vorzufinden sei.

Um die Idee „Große Mauer" fotografisch zu rekonstruieren, musste ich die Mauern zusammensetzen. Brach der Wall einer Dynastie ab, diente ein substantielles Stück aus einer anderen Epoche zur Fortsetzung, vorausgesetzt ein solches existierte in der fraglichen Region. Die Unzulänglichkeit des fotografischen Mediums – Standpunkt, Blickwinkel – bei der Abbildung konkreter Teilstücke führte zu quasi-kinematografischen Schwenks: „Woher kommt die Mauer, wohin geht sie?", „Blick nach Norden", „Blick nach Süden". Solche Doppelbilder und das Prinzip der Überlappung von Ausschnitten bei zwei Aufnahmen sollten das der Mauer inhärente Prinzip der Wiederholung sichtbar machen.

Die Mauer war aber oft auch einfach verschwunden. Desertifikation, Versteppung und Erosion – Mitverursacher dieser Umweltveränderungen war der Mauerbau selbst – hatten sich ihrer bemächtigt. Stauseen haten Täler gefüllt, wo einst berühmte Torfestungen lagen. Und während der Kulturrevolution war die Mauer Steinbruch für Armeebaracken. Ende der 1990er Jahre wurden auf Grund von Satelitenfotos unbekannte, lange Teilstücke im Westen und in der Inneren Mongolei entdeckt, fast gleichzeitig wurden jedoch auch Abschnitte der ältesten Mauern, aus der Zeit der Streitenden Reiche, dem Bau von Autobahnbrücken geopfert.

Je näher ich der Mauer kam, desto schwerer war es, sie auf Grund der Topografie und angesichts oft nicht vorhandener Verkehrswege zu finden. Sah ich sie schliesslich, hieß das noch lange nicht, dass ich sie auch besteigen und auf ihr entlanggehen konnte, denn ich war unterwegs auf einer verbotenen Reise. Der Verlauf der Mauer nahm keine Rücksicht auf die Administration in Beijing, die zögerlich Ausländern Städte öffnete, während bestimmte Gegenden gesperrt blieben. Ohnehin berührt der Wall keine grossen Städte, sondern durchläuft das Hinterland. Dieses ist in China sehr weit weg vom Alltag der Menschen. Wer mir nebst lokalen Begleitern auf der Großen Mauer begegnete waren Hirten. Einmal stieß ich auf einen Toten.

Im März 2000 bot sich mir die Gelegenheit in der Inneren Mongolei das am besten erhaltene Stück von Qin Shihuangdis ersten Großen Mauer zu besuchen, das erst zwei Jahre zuvor, auf Grund von Hinweisen ansässiger Hirten entdeckt worden war. Von Wulate Qianqi am Gelben Fluss fuhren wir nordwärts in eine immer kargere kältere Landschaft hinein, auf Straßen, die nicht erst hinter der letzten Siedlung nur noch Traktorspuren zwischen rotflammenden Bergketten waren. Es war leicht, die Stellen zu bestimmen, an denen – wäre diese Mauer damals bekannt gewesen – ein unbewilligter Vorstoß, dreizehn Jahr zuvor, geendet hätte. Wenn nicht beim Schlagbaum hinter der Bezirkshauptstadt – schließlich führt der Weg Richtung mongolische Grenze in strategisches Territorium mit umstrittenem Grenzverlauf – dann sicher beim Weiler Xing Sheng Zhao, wo ein letztes Mal die richtige Fahrspur erfragt werden musste.

An keiner Stelle der Mauer, die ich 1987/88 besuchte, waren zwei zentrale Aspekte der Großen Mauer so offensichtlich wie hier auf dem Plateau unter dem Pferdemähnenberg, im äußersten Norden des kurzlebigen Reichs von Qin Shihuangdi: der plötzliche Schreck der Barriere, hier mehrere Meter hoch, aus groben, schwarz glänzenden, eisenerzhaltigen Steinblöcken geschichtet, und die Verlockung des Landes, das hinter manchen Gebirgszügen und gefrorenen Flußläufen südwärts davon liegen musste.

DIE MAUER UND DIE BÜCHER JORGE LUIS BORGES

Ich las vor einigen Tagen, daß der Mann, der den Bau der nahezu unendlichen Chinesischen Mauer anordnete, jener erste Kaiser war, Schih Huang Ti, der ebenso alle Bücher verbrennen ließ, die vor ihm da waren. Daß die beiden weitreichenden Operationen – die zweieinhalb- bis dreitausend Kilometer aus Stein zur Abwehr der Barbaren, die rücksichtslose Beseitigung der Geschichte, das heißt der Vergangenheit – von einer Person ausgingen und irgendwie deren Attribute waren, befriedigte mich auf unerklärliche Weise und beunruhigte mich zugleich. Die Gründe dieser Gefühlsregung zu erforschen, ist Aufgabe dieser Notiz.

Geschichtlich betrachtet ist an den beiden Maßnahmen nichts Geheimnisvolles. Zur Zeit der Kriege Hannibals brachte Schih Huang Ti, König von Tsin, die Sechs Königreiche unter seine Herrschaft und merzte das Feudalsystem aus; er errichtete die Mauer, weil Mauern Verteidigungsanlagen waren; er verbrannte die Bücher, weil die Opposition sich auf sie berief, um die alten Kaiser zu rühmen. Bücher verbrennen und Befestigungen bauen ist allgemein Aufgabe von Herrschern; das einzig Merkwürdige an Schih Huang Ti ist das Ausmaß seines Wirkens. Zu dieser Ansicht neigen einige Sinologen, ich glaube aber, daß die Tatsachen, die ich berichtet habe, ein wenig mehr sind als eine Übertreibung oder Hyperbel von Allerweltsverfügungen. Einen Obsthain oder einen Garten einzäunen ist gewöhnlich; nicht aber die Einzäunung eines Kaiserreichs. Auch ist es kein kleines Stück sich vorzunehmen, daß die traditionsgebundenste aller Rassen auf die Erinnerung an ihre Vergangenheit, die mythische wie die faktische, verzichte. Dreitausend Jahre Chronologie besaßen die Chinesen (und im Laufe dieser Jahre den Gelben Kaiser, Tschuang-Tsu, Konfuzius und Laotse), als Schih Huang Ti befahl, daß die Geschichte bei ihm beginne.

Schih Huang Ti hatte seine Mutter wegen Ausschweifung verbannt; in seinem harten Urteil erblickten die Orthodoxen nichts anderes als Pietätlosigkeit; vielleicht wollte Schih Huang Ti die kanonischen Bücher ausmerzen, weil diese ihn anklagten; vielleicht wollte Schih Huang Ti

40°40'N 117°17'O

Restaurationsarbeiten
nach alter Technologie
am Simatai-Abschnitt
der Großen Ming-Mauer,
Miyun

die gesamte Vergangenheit auslöschen, um eine einzige Erinnerung auszulöschen: die an die Schmach seiner Mutter. (Nicht anders ließ in Judäa ein König sämtliche Kinder töten, um eines zu töten.) Diese Mutmaßung ist bedenkenswert, doch verrät sie uns nichts über die Mauer, über die andere Seite des Mythos. Schih Huang Ti, den Geschichtsschreibern zufolge, untersagte die Erwähnung des Todes und suchte nach dem Elixier der Unsterblichkeit und schloß sich in einem symbolhaften Palast ein, der aus so vielen Gemächern bestand, wie das Jahr Tage hat; diese Daten suggerieren, daß die Mauer im Raum und der Brand in der Zeit magische Schranken waren, die den Tod aufhalten sollten. Alle Dinge wollen in ihrem Sein beharren, schrieb Baruch Spinoza; vielleicht glaubten der Kaiser und seine Magier, daß die Unsterblichkeit uns innewohnt, und daß der Verfall nicht in einen geschlossenen Kreis eindringen kann. Vielleicht wollte der Kaiser den Anfang der Zeit wiedererschaffen und nannte sich der Erste, um wirklich erster zu sein, und nannte sich Huang Ti, um irgendwie Huang Ti zu sein, der sagenhafte Kaiser, der die Schrift und den Kompaß erfand. Dieser gab dem *Buch der Riten* zufolge den Dingen ihren echten Namen; gleicherweise rühmte sich Schih Huang Ti in erhaltenen Inschriften, daß alle Dinge unter seiner Herrschaft den Namen erhalten hätten, der ihnen zukomme. Er träumte von der Begründung einer unsterblichen Dynastie; er ordnete an, daß seine Erben sich Zweiter Kaiser, Dritter Kaiser, Vierter Kaiser nennen sollten, und so bis ins Unendliche … Ich habe von einem magischen Vorsatz gesprochen; man könnte auch annehmen, daß die Errichtung der Mauer und die Verbrennung der Bücher keine gleichzeitigen Handlungen waren. Das gäbe uns (je nach der Reihenfolge, für die wir uns entschieden) das Bild eines Königs, der mit dem Zerstören begann und sich dann mit dem Erhalten beschied, oder das eines enttäuschten Königs, der zerstörte, was er anfangs verteidigte. Beide Mutmaßungen sind dramatisch, entbehren jedoch, soviel ich weiß, der geschichtlichen Grundlage. Herbert Allen Giles berichtet, daß Personen, die Bücher versteckten, mit einem glühenden Eisen gezeichnet und dazu verurteilt wurden, bis zum Tage ihres Todes die maßlose Mauer zu bauen. Diese Mitteilung ermöglicht oder erlaubt eine andere Auslegung. Vielleicht war die

Mauer eine Metapher, vielleicht verurteilte Schih Huang Ti die Verehrer der Vergangenheit zu einem Werk, das ebenso weit, so schwerfällig und so nutzlos war wie die Vergangenheit. Vielleicht war die Mauer eine Herausforderung, und Schih Huang Ti dachte: „Die Menschen lieben die Vergangenheit, und gegen diese Liebe vermag ich nichts, so wenig wie meine Henker, aber vielleicht wird es einmal einen Menschen geben, der so fühlt wie ich, und dieser wird meine Mauer zerstören, wie ich die Bücher zerstört habe, und dieser wird mein Andenken austilgen und wird mein Schatten und mein Spiegel sein und es nicht wissen." Vielleicht ummauerte Schih Huang Ti das Reich, weil er wußte, daß das Reich zerstörbar war, und er zerstörte die Bücher auf Grund der Einsicht, daß es heilige Bücher seien oder Bücher, die lehren, was auch das gesamte All lehrt oder das Bewußtsein jedes Menschen. Vielleicht sind die Verbrennung der Bibliotheken und die Errichtung der Mauer Maßnahmen, die einander insgeheim aufheben.

Die trutzige Mauer, die in diesem Augenblick und in jedem Augenblick über Länder, die ich nicht sehen werde, ihr Schattensystem erstreckt, ist der Schatten eines Cäsaren, der anordnete, daß die ehrerbietigste unter allen Nationen ihre Vergangenheit verbrenne; wahrscheinlich berührt uns der Gedanke als solcher, abgesehen von den Mutmaßungen, die er erlaubt. (Seine Kraft mag in dem Gegensatz zwischen Errichten und Zerstören, in ihrem ungeheuren Ausmaß beruhen.) Indem wir diesen Fall verallgemeinern, können wir den Schluss ziehen, daß *alle* Formen ihre Kraft in sich selber tragen und nicht in einem mutmaßlichen „Inhalt". Das stände in Einklang mit der These Benedetto Croces; schon Pater betonte im Jahre 1877, daß alle Künste den Zustand der Musik erstreben, die nichts als Form ist. Die Musik, die Zustände des Glücks, die Mythologie, die von der Zeit gewirkten Gesichter, gewisse Dämmerungen und gewisse Orte wollen uns etwas sagen oder haben uns etwas gesagt, was wir nicht hätten verlieren dürfen, oder schicken sich an, uns etwas zu sagen; dieses Bevorstehen einer Offenbarung, zu der es nicht kommt, ist vielleicht der ästhetische Vorgang.

Buenos Aires, 1950

Jorge Luis Borges, Essays. 1952 – 1979
Übersetzt von Karl August Horst u.a.
© 1981 Carl Hanser Verlag, München – Wien

40°40'N 117°17'O

Eine straff gespannte
Schnur als Richtmaß bei
der Restaurierung einer
Brustwehr am Simatai-
Abschnitt der Großen
Ming-Mauer, Miyun

BEIM BAU DER CHINESISCHEN MAUER FRANZ KAFKA

Die chinesische Mauer ist an ihrer nördlichsten Stelle beendet worden. Von Südosten und Südwesten wurde der Bau herangeführt und hier vereinigt. Dieses System des Teilbaues wurde auch im Kleinen innerhalb der zwei großen Arbeitsheere, des Ost- und des West-heeres befolgt. Es geschah dies so, daß Gruppen von etwa zwanzig Arbeitern gebildet wurden, welche eine Teilmauer von etwa fünfhundert Metern Länge aufzuführen hatten, eine Nachbargruppe baute ihnen dann eine Mauer in gleicher Länge entgegen. Nachdem dann aber die Vereinigung vollzogen war, wurde nicht etwa der Bau am Ende dieser tausend Meter wieder fortgesetzt, vielmehr wurden die Arbeitergruppen wieder in ganz andere Gegenden zum Mauerbau verschickt. Natürlich entstanden auf diese Weise viele große Lücken, die erst nach und nach langsam ausgefüllt wurden, manche sogar erst nachdem der Mauerbau schon als vollendet verkündigt worden war. Ja es soll Lücken geben, die überhaupt nicht verbaut worden sind, nach manchen sind sie weit größer als die erbauten Teile, eine Behauptung allerdings, die möglicherweise nur zu den vielen Legenden gehört, die um den Bau entstanden sind und die für den einzelnen Menschen wenigstens mit eigenen Augen und eigenem Maßstab infolge der Ausdehnung des Baues unnachprüfbar sind. Nun würde man von vornherein glauben, es wäre in jedem Sinne vorteilhafter gewesen zusammenhängend zu bauen oder wenigstens zusammenhängend innerhalb der zwei Hauptteile. Die Mauer war doch, wie allgemein verbreitet wird und bekannt ist, zum Schutz gegen die Nordvölker gedacht. Wie kann aber eine Mauer schützen, die nicht zusammenhängend ist. Ja eine solche Mauer kann nicht nur nicht schützen, der Bau selbst ist in fortwährender Gefahr. Diese in öder Gegend verlassen stehenden Mauer-teile können ja immer wieder leicht von den Nomaden zerstört werden, zumal diese damals geängstigt durch den Mauerbau mit unbegreiflicher Schnelligkeit wie Heuschrecken ihre Wohnsitze wechselten und deshalb vielleicht einen besseren Überblick über die Baufortschritte hatten als selbst wir die Erbauer. Trotzdem konnte der Bau wohl nicht anders ausgeführt werden, als es geschehen ist. Um das zu verstehen, muss man folgendes bedenken: Die Mauer sollte ein Schutz für die Jahrhunderte werden, sorgfältigster Bau, Benützung der Bauweise aller bekannten Zeiten und Völker, dauerndes Gefühl der persönlichen Verantwortung der Bauenden waren deshalb unumgängliche Voraussetzungen für die Arbeit. Zu den niederen Arbeiten konnten also zwar unwissende Taglöhner aus dem Volke, Männer Frauen Kinder, wer sich für gutes Geld anbot verwendet werden, aber schon zur Leitung von vier Taglöhnern war ein verständiger im Baufach gebildeter Mann nötig, ein Mann der imstande war, bis in die Tiefe des Herzens mitzufühlen, um was es hier ging. Und je höher die Leitung, desto größer die Anforderungen natürlich. Und solche Männer standen tatsächlich zur Verfügung, wenn auch nicht in jener Menge wie sie dieser Bau hätte verbrauchen können so doch in großer Zahl. Man war nicht leichtsinnig an das Werk herangegangen. Fünfzig Jahre vor Beginn des Baues hatte man im ganzen China, das ummauert werden sollte, die Baukunst, insbesondere das Mauerhandwerk zur wichtigsten Wissenschaft erklärt und alles andere nur anerkannt, soweit es damit in Beziehung stand. Ich erinnere mich noch sehr wohl wie wir als kleine Kinder, kaum unserer Beine sicher, im Gärtchen unseres Lehrers standen, aus Kieselsteinen eine Art Mauer bauen mußten, wie der Lehrer den Rock schürzte, gegen die Mauer rannte, natürlich alles zusammenwarf und uns wegen der Schwäche unseres Baues solche Vorwürfe machte, daß wir heulend uns nach allen Seiten zu unseren Eltern verliefen. Ein winziger Vorfall, aber bezeichnend für den Geist der Zeit. Ich hatte das Glück, daß als ich mit zwanzig Jahren die oberste Prüfung der untersten Schule abgelegt hatte der Bau der Mauer gerade begann. Ich sage Glück, denn viele, die früher die oberste Höhe der ihnen zugänglichen

40°40'N 117°17'O

Arbeiter aus den
angrenzenden Dörfern
restaurieren den Simatai-
Abschnitt der Großen
Ming-Mauer

Ausbildung erreicht hatten, wußten jahrelang mit ihrem Wissen nichts anzufangen, trieben sich, im Kopf die großartigsten Baupläne, nutzlos herum und verlotterten in Mengen. Aber diejenigen, die endlich als Bauführer sei es auch untersten Ranges zum Baue kamen, waren dessen tatsächlich würdig, es waren Männer die viel über den Bau nachgedacht hatten und nicht aufhörten darüber nachzudenken, die sich mit dem ersten Stein, den sie in den Boden einsenken ließen, dem Bau gewissermaßen verwachsen fühlten. Solche Männer trieb aber natürlich, neben der Begierde gründlichste Arbeit zu leisten, auch die Ungeduld den Bau in seiner Vollkommenheit endlich erstehn zu sehn. Der Taglöhner kannte diese Ungeduld nicht, den treibt nur der Lohn, auch die oberen Führer, ja selbst die mittleren Führer sahen von dem vielseitigen Wachsen des Baues genug, um sich im Geiste dadurch kräftig zu halten, aber für die untern, geistig weit über ihrer äußerlich kleinen Aufgabe stehenden Männer mußte anders vorgesorgt werden. Man konnte sie nicht z.B. in einer unbewohnten Gebirgsgegend, hunderte Meilen von ihrer Heimat, monate- oder gar jahrelang Mauerstein an Mauerstein fügen lassen; die Hoffnungslosigkeit solcher fleißigen aber selbst in einem langen Menschenleben nicht zum Ziele führenden Arbeit hätte sie verzweifelt und vor allem wertloser für die Arbeit gemacht. Deshalb wählte man das System des Teilbaus, fünfhundert Meter Mauer konnten etwa in fünf Jahren fertiggestellt werden, dann waren zwar die Führer in der Regel zu Tode erschöpft, hatten alles Zutrauen zu sich, zum Bau, zur Welt verloren, wurden aber, während sie noch im Hochgefühl des Vereinigungsfestes der tausend Meter Mauer standen weit, weit verschickt, sahen auf der Reise hie und da fertige Mauerteile ragen, kamen an Quartieren höherer Führer vorüber, die sie mit Ehrenzeichen beschenkten, hörten den Jubel neuer Arbeitsheere, die aus der Tiefe der Länder herbeiströmten, sahen Wälder niederlegen, die zum Mauergerüst bestimmt waren, sahen Berge in Mauersteine zerhämmern, hörten auf den heiligen Stätten Gesänge der Frommen Vollendung des Baues erflehn, alles dieses besänftigte ihre Ungeduld, das ruhige Leben der Heimat in der sie einige Zeit verbrachten kräftigte sie, das Ansehen in dem alle Bauenden standen, die gläubige Demut, mit der ihre Berichte angehört wurden, das Vertrauen, das der einfache stille Bürger in die einstige Vollendung der Mauer setzte, alles dieses spannte die Saiten der Seele, wie ewig hoffende Kinder nahmen sie von der Heimat Abschied, die Lust wieder am Volkswerk zu arbeiten wurde unbezwinglich, sie reisten früher von zuhause fort als es nötig gewesen wäre, das halbe Dorf begleitete sie lange Strecken weit, auf allen Wegen Grüße, Wimpel und Fahnen, niemals hatten sie gesehn wie groß und reich und schön und liebenswert ihr Land war, jeder Landsmann war ein Bruder, für den man eine Schutzmauer baute und der mit allem was er hatte und war sein Leben lang dafür dankte, Einheit! Einheit! Brust an Brust, ein Reigen des Volkes, Blut, nicht mehr eingesperrt im kärglichen Kreislauf des Körpers, sondern süß rollend und doch wiederkehrend durch das unendliche China.

ERSTER TEIL

40°17'N 124°36'O

Der Hu-Berg am
Yalu-Fluss an der
chinesisch-nordkorea-
nischen Grenze markiert
das östliche Ende der
Großen Ming Mauer,
Kuandian

KAPITEL 1   **Das andere Ende – Vom Yalu-Fluss
zum Ersten Tor auf Erden**

Liaoning/Hebei

Bauphasen
Erste: 1381–1382
Zweite: 1488–1505
Dritte: *ca.* 1614

40°26'N 124°49'O

Erste Spuren der
Mauer bei Kuandian

40°14'N 119°48'O

Ein Festungsturm
bewacht den Zugang
zur Jiumenkou-
Passage, Suizhong

40°14'N 119°48'O

Ostteil des Jiumenkou-Abschnitts, Suizhong

Signalturm auf dem
Yiwulu-Berg, Beizhen

40°07'N 119°45'O

Erster Pass des
Sandaoguan-Abschnitts,
Qinhuangdao

40°03'N 119°45'O

Turm und Mauer
beim zweiten Pass des
Sandaoguan-Abschnitts,
Qinhuangdao

40°03'N 119°45'O

Toter am Fuß des Turms
beim zweiten Pass des
Sandaoguan-Abschnitts

40°03'N 119°45'O

Erster und zweiter Pass
des Sandaoguan-
Abschnitts, Qinhuangdao,
aus der Ferne

40°00'N 119°45O

Das Erste Tor auf Erden in
Shanghaiguan (vergleiche
die historische Karten-
darstellung auf S. 210-11)

39°58'N 119°48'O

Restaurierung des Alten
Drachenkopfes,
Laolongtou, in Shanghai-
guan, wo die Mauer bis
zum Meer vorstieß. Diese
Bastion wurde von den
Kolonialmächten im
Boxerkrieg von 1900
zerstört

Seite 36, 37

40°12'N 119°33'O

Der Yiyuankou-Abschnitt
der Mauer, Qinhuangdao

40°26'N 117°16'O

Verteidigungssystem des
Qianshuihe-Abschnitts,
Xinglong

Von der Bohai-See
in die Yan-Berge

Hebei

Bauphasen
Erste: 1368–1378
Zweite: 1488–1505
Dritte: 1568–1582

KAPITEL 3 **Simatai – Jinshanling – Gubeikou**

Hebei/Beijing

Bauphasen
Erste: 1368–1378
Zweite: 1568–1582

Der Simatai-Abschnitt, Miyun; die Mauer auf der Mauer

40°40'N 117°17'O

Verteidigungsmauern
oberhalb Turm 12 im
Simatai-Abschnitt, Miyun

40°42'N 117°09'O

Eingestürzte Ziegel-
verkleidung eines
Teils des Gubeikou-
Abschnitts, Miyun

40°40'N 117°17'O

Turm 14 im Simatai-
Abschnitt der Mauer,
Miyun, dahinter der fast
lotrechte Aufstieg zum
Gipfel

40°40'N 117°17'O

Schießscharten für
Bogenschützen in der
Brustwehr des Simatai-
Abschnitts, Miyun

49

Der Jinshanling gesehen
vom Simatai-Abschnitt,
Miyun

40°40'N 117°17'O

Abgewinkelte Ziegellagen
an der Brustwehr des
Simatai-Abschnitts,
Miyun. Im Hintergrund
schlängelt sich der
Jinshanling-Abschnitt

Folgende Seiten

40°42'N 117°09'O

Der Gubeikou-Abschnitt
der Mauer bei Miyun
wurde während der Kultur-
revolution beschädigt;
Die Ziegel wurden zum Bau
von Kasernen verwendet

Blick vom Jinshanling-Abschnitt in Richtung Gubeikou, Miyun

40°42'N 117°09'O

Der Gubeikou-Abschnitt, Miyun, mit
dem LuZu-Tempel im Mittelgrund

40°42'N 117°09'O

Der Gubeikou-Abschnitt, Miyun. Dieser Teil schützte
die Straße zum Sommerpalast in Chengde

Luanping: Im Vorder- und Mittelgrund der Jinshanling-Abschnitt der Mauer.
Am Horizont erscheint auf dem Grat der Simatai-Abschnitt

Bogenförmiges Fundament
einer Brustwehr mit Zickzack-
Mauerwerk im Mutianyu-
Ostabschnitt, Huairou

KAPITEL 4   **Der Drache durchzieht sein Land**

Beijing

Bauphasen
Erste: 1368–1378
Zweite: 1455
Dritte: 1568–1619
Vierte: bis 1644

Wasserspeier ragen aus
den teilweise verfallenen
Brustwehren des Jiankou-
Abschnitts bei Huairou
hervor

40°38'N 116°52'O

Beimaguan-Abschnitt
der Mauer, Miyun

Vorige Doppelseite

40°25'N 116°35'O

Blick nach Osten auf den
Mutianyu-Abschnitt der
Mauer bei Huairou vom
Turm am rechtwinkligen
Knick, von dem aus
der Jiankou-Abschnitt der
Mauer aufzusteigen
beginnt

40°26'N 116°35'O

Huairou: Blick gegen
Westen über den
Mutianyu-Abschnitt mit
seinem steilen Anstieg
zum Jiankou-Abschnitt

40°26'N 116°33'O

Blick nach Westen (gegen-
über) und Osten (links)
über die Felskämme des
Jiankou-Abschnitts,
Huairou

40°26'N 116°33'O

Blick nach Westen
vom Jiankou-Abschnitt,
Huairou

40°26'N 116°33'O

Aus alten Quellen ist der
Einsatz von zwischen-
zeitlich verschwundenen
Eisenträgern zur Über-
windung dieser schroffen
Kliffs im Jiankou-
Abschnitt überliefert

ZWEITER TEIL

40°17'N 116°03'O

Die 1345 unter der Yuan-
Dynastie errichtete
Wolkenterrasse war die
südliche Pforte des
Nankou-Tals, von wo aus
die Straße nach Beijing
verläuft. Im Gewölbe
finden sich Zitate aus
der Dharani-Sutra in den
fünf Sprachen Sanskrit,
`p´ags-pa-mongolisch,
Uighurisch, Westxia und
Chinesisch

KAPITEL 5

Die Innere Große Mauer

Beijing/Hebei/Shanxi

Bauphasen
Erste: 1368–1389
Zweite: 1368/1404–1424/1539–1582
Dritte: 1436–1455/1491
Vierte: 1867

40°20'N 116°00'O

Blick nach Westen auf
den Mauerabschnitt von
Badaling, Changping.
Badaling bedeutet
„Natürliche Grenze"

40°20'N 116°00'O

Nordblick von der
Qinglongqiao-Linie zum
Gipfel von Badaling

40°20'N 116°00'O

Ein Teil des Badaling-
Abschnitts bei Changping
mit Treppenaufgang
wurde in den 1950er
Jahren restauriert

40°20'N 116°00'O

Die kürzeste Route von
der mongolischen Hoch-
ebene in das chinesische
Kernland und nach Beijing
verlief durch das Badaling-
Juyongguan-Nankou-Tal

39°25'N 115°10'O

Vorsprung des Nordtores
am Zijingguan-Fort, Yixian,
am Ufer des Jumahe-Flusses

39°25'N 115°10'O

Unter der teilweise weg-
gebrochenen Ziegelver-
kleidung wird der steinerne
Kern der Mauer sichtbar.
Die Mauer ist Teil des
Zijingguan-Forts bei Yixian.
Dieses Bollwerk schützte
die chinesische Hauptstadt
Beijing im Westen und
galt als uneinnehmbar

39°25'N 115°08'O

Zinnen der Inneren
Großen Mauer am
Jumahe-Fluss, westlich des
Zijingguan-Forts, Yixian

Vorige Doppelseite

Koordinaten nicht bekannt

Chajianling-Abschnitt,
Laiyuan *Links* Meißelspuren
aus der Zeit des Mauerbaus;
rechts Vorgeschobener
Mauerzweig mit Festungs-
turm

39°11'N 112°50'O

Wildgänse-Pass, Teil des
Mauerabschnitts im Yanmen-
Gebirge, Daixian. Die Treppe
führt zu den Ruinen der
Ahnenhalle von Li Mu, einem
General des Zhao-Staates

39°11'N 112°50'O

Bericht über Reparaturen
am Ming-Fort im Yanmen-
Abschnitt während der
Qing-Dynastie

39°04′N 112°57′O

Der Trommelturm des
Tores zur befriedeten
Grenze, Daixian, ist
40 m hoch und damit
wesentlich höher als das
Tor am Platz des Himm-
lischen Friedens in Beijing

39°12'N 112°47'O

Ein Signalturm im
Abschnitt der Gouzhu-
Berge, Shanyin

91

Vorige Doppelseite

39°12'N 112°47'O

Blick nach Süden *(links)*
und Norden *(rechts)* von
einer Biegung im unteren
Teil des Abschnitts in den
Gouzhu-Bergen, Shanyin.
Der obere Teil der Ziegel-
verkleidungen ist ver-
schwunden, und das Mauer-
innere aus gestampfter
Erde ist der Erosion aus-
gesetzt

39°12'N 112°46'O

Über Jahrhunderte hinweg
haben die Springfluten
eines Flusses Teile des
massiven Mauerabschnitts
von Xingguanwu in Shanyin
mit sich gerissen

39°12'N 112°47'O

Blick vom Gipfel des
Yanmen-Abschnitts,
Shanyin, auf das unter der
Jin-Dynastie (1115-1234)
errichtete Fort Guangwu.
Im Hintergrund die Gräber
von Soldaten der Song-
Armee, die 980 in den
Kämpfen gegen die Khitan
der Liao-Dynastie gefallen
waren

40°18'N 112°53'O

Ein Tor des befestigten
Dorfes Zhumabu in der
Nähe der Äußeren
Großen Mauer, Datong

96

KAPITEL 6

Entlang der Äußeren Großen Mauer zum Gelben Fluss

Shanxi/Innere Mongolei

Bauphasen
Erste: 1403–1452
Zweite: 1539–1548

40°19'N 113°18'O

Überquerung des Yu-
Flusses beim Hongcibao-
Abschnitt der Äußeren
Großen Mauer, Datong

40°16'N 113°08'O

Blick nach Osten *(links)*
und Westen *(rechts)*
längs der zweiten
Verteidigungslinie bei
Xinrongzhen, Datong.
Um das 16. Jahrhundert
waren diese Wälle ver-
fallen und in die Hände
von Nomaden geraten

40°18'N 112°53'O

Bei Zhumabu, Datong, markiert die Äußere Große Mauer die Grenze
zwischen Shanxi und der Autonomen Region Innere Mongolei

Vorige Doppelseite

39°38'N 111°50'O

Westliche Gabelung der Äußeren und
Inneren Großen Mauern, Qingshuihe

39°38'N 111°50'O

Türme an der Gabelung der
Inneren Großen Mauer

Gegenüber

39°36'N 111°42'O

Wehrturm im Abschnitt von
Shuiguanbao, Qingshuihe

39°36'N 111°42'O

Shuiguanbao-Abschnitt, Qingshuihe. Vom vorgeschobenen Beobachtungsturm *(ganz rechts)* und dem Wehrturm *(ganz links)* konnten schnelle Vorstöße der Nomadenreiter rechtzeitig erkannt und gemeldet werden

39°38'N 111°27'O

Der letzte Teil der Mauer
von Laoninwang in Qing-
shuihe, kurz bevor sie auf
den Gelben Fluss stößt

Terrassenfelder und
Wachtürme markieren
das Ende des
Laoninwang-Abschnitts
am Gelben Fluss

KAPITEL 7 **Mauern in der Kälte**

Innere Mongolei

Bauphasen
Erste: *ca.* 300 v.Chr.
Zweite: 221–206 v.Chr.
Dritte: 206 v.Chr.– 25 n.Chr./127–119 v.Chr.
Vierte: 1190–1196

40°47'N 111°31'O

Südliche Mauer des Königreiches von Zhao
(ca. 300 v.Chr., Periode der Streitenden
Reiche) bei Binzhouhai, Hohhot

41°19'N 109°55'O

Der Guyang-Abschnitt
der Großen Qin-Mauer,
nördlich von Baotou,
errichtet zwischen 217
und 211 v.Chr. Während
der Qin-Dynastie mussten
Knaben beim Bau helfen,
sobald sie 1,20 m groß
waren. So fielen schon
Kinder im Alter von
7 Jahren unter Zwangs-
arbeit

Folgende Doppelseite

41°11'N 109°26'O

Blick nach Norden über
den Abschnitt der Qin-
Mauer unter dem
Mazong-Berg, Wulate
Qianqi

Seiten 120–121

41°11'N 109°26'O

Blick nach Süden über
den Abschnitt der Qin-
Mauer unter dem
Mazong-Berg, Wulate
Qianqi. Diese Aussicht
bot sich den von Norden
vorstoßenden Reiter-
völkern der Hunnen.

40°48'N 111°33'O

Erodierte Lehmziegel
im Wusitu-Abschnitt der
großen Han-Mauer,
Hohhot

41°15'N 110°00'O

Von Bauern auf den
Guyang-Abschnitt der
Großen Zhao-Mauer
geworfene Feldsteine,
Baotou

Seiten 124, 125

Koordinaten unbekannt

Links Eine Steinpyramide
auf dem Jin-Wall, Siziwang
Banner.
Rechts Reifenspuren im
verwehten Schnee auf
dem Bulitai-Abschnitt des
Jin-Walls, Siziwang Banner

Seiten 126, 127

41°58'N 111°21'O

Links Schneever-
wehungen auf
dem Jin-Wall;
Rechts Der Jin-Wall
verläuft vom Norden der
chinesischen Autonomen
Region Innere Mongolei
durch die Mongolei bis
nach Ostrussland.
Abschnitt von Honger-
shumu, Siziwang Banner

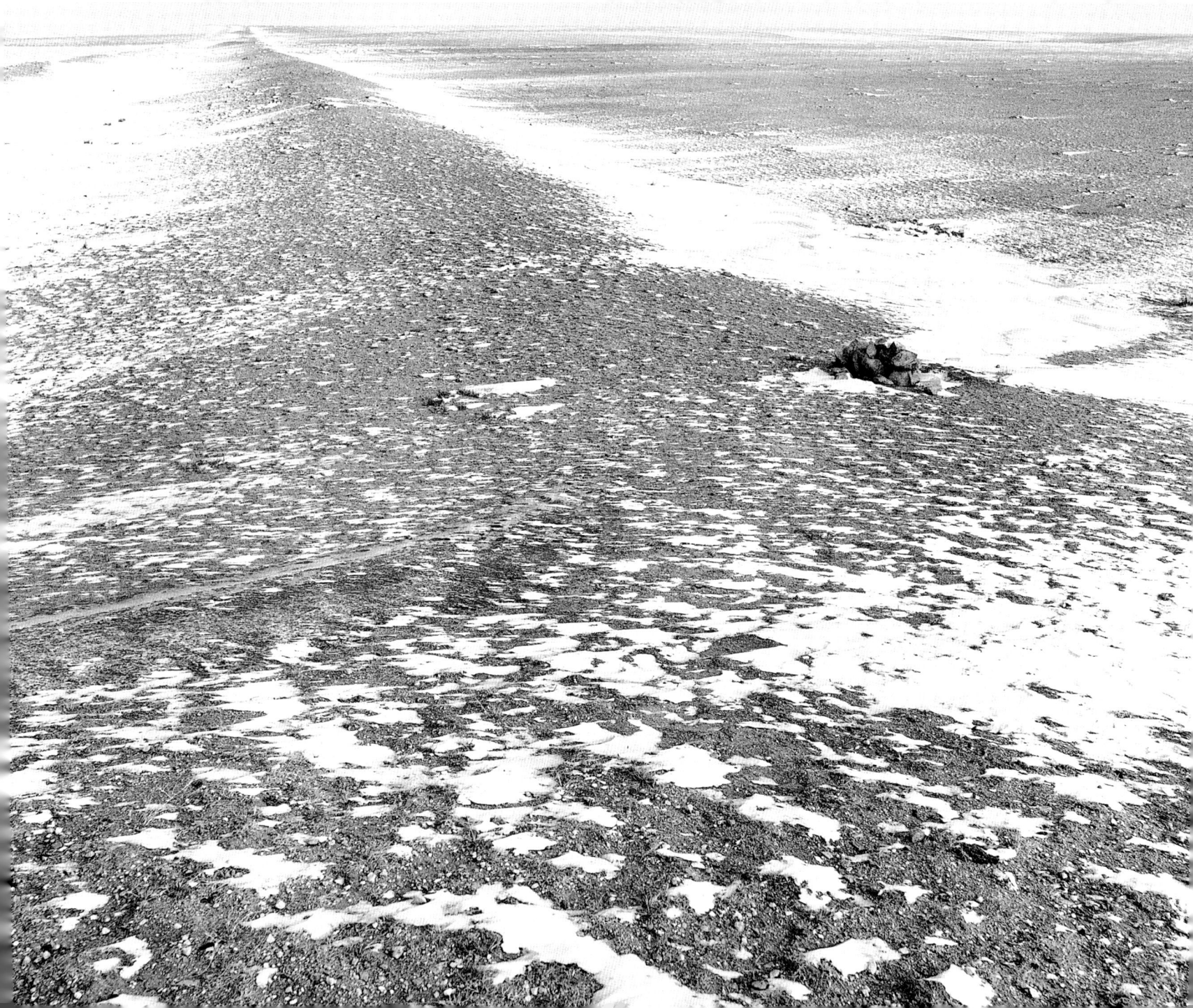

DRITTER TEIL

39°26'N 111°12'O

Im Nebel jenseits des
Gelben Flusses, die Türme
des Maza-Abschnitts der
Großen Mauer, Jungar
Banner

KAPITEL 8   **Durch den Ordos-Bogen**

Shaanxi/Ningxia

Bauphasen
Erste: 1473–1474/1478
Zweite: 1488–1505
Dritte: bis Mitte des 16. Jahrhunderts

38°20'N 109°43'O

Der drei-terrassige Turm
bei Yulin war ein strate-
gisch wichtiger Punkt im
nord-westlichen Abschnitt
der Großen Ming-Mauer

37°41'N 107°32'O

In die Mauer gegrabene
Tierunterstände im
Dingbian-Abschnitt,
Yanhuachang

Warten auf den Bus an
der Großen Mauer,
Dingbian

38°03'N 107°05'O

In der Wüste von Maowusu
bei Yanchi haben Sand-
dünen die Mauer teilweise
verschüttet

38°18'N 106°29'O

Die nördliche Ordos-Linie, Lingwu. Beim Bau der Großen Mauer wurden die meisten Bäume in der Region des Gelben Flusses gefällt. Erosion und die vorrückende Wüste haben seither ihren Preis gefordert

38°16'N 106°32'O

Hengshanpu-Fort,
Lingwu

36°01'N 106°15'O

Die Erste Große Mauer der
Qin nördlich von Guyuan,
wurde auch von der
Han- und der Ming-
Dynastie unterhalten

142

KAPITEL 9

**Vom Helan-Gebirge zur
Ersten Großen Mauer**

Ningxia

Bauphasen
Erste: 221–206 v.Chr
Zweite: 1436–1449
Dritte: 1470–1480
Vierte: 1524–1531

38°08'N 105°46'O

Der Qingtonxia-Abschnitt
der Mauer in Yuquanying
ist eine 10 Meter hohe
Barriere aus gestampfter
Erde, die am Fuß der
Helan-Berge entlang
läuft

38°51'N 106°10'O

Erdbebensschaden
im Mauerabschnitt
von Hongguozikou,
Shizuishan

38°05'N 105°47'O

Ein weniger gut erhaltener Mauerabschnitt von Qingtonxia
in Yuquanying verläuft von den Helan-Bergen zur Ebene des
Gelben Flusses. *Oben* Blick von Süden nach Norden; *rechts*
Blick von Norden nach Süden

38°25′N 106°03′O

Königsgräber der
westlichen Xia (1038-1227)

37°31′N 105°07′O

Im Abschnitt der Tengger-
Wüste bei Zhongwei
bedecken Dünen
die Mauer, fast bis
zum Gelben Fluss

Folgende Doppelseite

Koordinaten unbekannt

Festung an der heute
verschwundenen Mauer
von Qin Shihuangdi im
Abschnitt der Liupan-
Berge, Guyuan

37°31'N 105°07'O

Mauerabschnitt in der Tengger-Wüste, Zhongwei

Koordinaten unbekannt

Entlang der verschwun-
denen Ersten Großen
Mauer im Lössplateau
von Dingxi

35°49'N 105°59'O

Ein Bewässerungsgraben am
Fuß des Muxiajia-Abschnitts
der Ersten Großen Mauer,
Guyuan. Zwischen 217 und
210 v.Chr. arbeiteten über
eine Million Menschen an
diesem Wall: Sträflinge,
Soldaten, Landarbeiter,
Kinder. Nur jeweils drei von
zehn überlebten

VIERTER TEIL

KAPITEL 10   **Im Hexi-Korridor**

Gansu

Bauphasen
Erste: 1372–1382
Zweite: 1466–1480

Bruchstück der Lanzhou-Schleife der Großen Mauer, Tianzhou

38°20'N 101°53'O

Mauerabschnitt bei
Yongchang, Jingchuanzi

38°14'N 101°58'O

Pagode des 15. Jahr-
hunderts aus der Ming-
Dynastie, Yongchang

38°24'N 101°45'O

Yongchang-Abschnitt bei Hedazi, mit einer Pagode aus der Zeit der Tang-Dynastie

Vorige Doppelseite

38°27'N 101°43'O

Yongchan-Abschnitt,
Hedazi

38°36'N 101°21'O

Shandan-Abschnitt, Xiakou

38°38'N 101°17'O

Shandan-Abschnitt,
Xiakou

38°40'N 101°15'O

Die Straße von Gansu
nach Xinjiang kreuzt
die Große Mauer

38°38'N 101°17'O

Ein junger Pferdehirte
am Shandan-Abschnitt,
Xiakou

Folgende Doppelseite

39°48'N 99°08'O

Der Mauerabschnitt
von Yuanyang, Jiuquan.
Links Blick nach Westen
von einem Turm zum
nächsten; *rechts* Blick
nach Osten

39°48'N 99°08'O

Der Mauerabschnitt von
Yuanyang, Jiuquan, zieht
sich nach Westen in die
Wüste hinein

39°48'N 98°12'O

Im Inneren der Stärksten
Festung auf Erden.
Das Rouyuan-Westtor,
gesehen vom Guanhua-
Osttor, Jiayuguan

178

KAPITEL 11   **Vom Ende der Ming-Mauer**
westwärts entlang der Han-Mauer

Gansu/Xinjiang

Bauphasen
Erste: *ca.* 117–101 v.Chr./100–97 v.Chr.
Zweite: 1372–1382
Dritte: 1466–1480
Vierte: 1485–1539/1495–1507
Fünfte: 1539–1573

Die Offene Mauer am
Südende der Jiayuguan-
Barriere, dem letzten
Teilstück der Großen
Ming-Mauer

39°38'N 98°12'O

Dei Stärkste Festung auf
Erden, Jiayuguan. Für die
westwärts ziehenden
Händler endete hier das
China der Ming

39°52'N 98°31'O

Wachturm und eine
Reihe von Feuer- und
Rauchsignalöfen im
Yemawanpu-Abschnitt
der Mauer, Jiayuguan

39°48'N 98°12'O

Ecke im Inneren der
Stärksten Festung auf
Erden. Jiayuguans Ruhm
gründet sich nicht auf
seine Größe, sondern auf
sein intelligent geplantes
Verteidigungskonzept; der
Bau besteht vollständig
aus Lehmziegeln

184

39°41'N 97°58'O

Die Große Ming-Mauer
endet südlich von
Jiayuguan am 80 Meter
hohen Steilufer des
Taolai-Flusses unterhalb
des Qilian-Berges

Koordinaten unbekannt

Ruinen einer Festung der
Qing-Dynastie

40°15′N 95°18′O

Signalturm der Qing-Dynastie an der Straße nach Dunhuang in Kunxin; einer von vielen längs der Qing-Straße, die die Liupan-Berge in Ningxia mit Dunhuang durch den Hexi-Korridor von Gansu verband

Signalturm von Yanguan.
Yanguan war eine
wichtige Festung und
strategische Position auf
der Südroute der Seiden-
straße. Um das 9. Jahr-
hundert verschwand diese
Gegend – ebenso wie die
nahe gelegene Tang-Stadt
Shouchang – unter Treib-
sand

Sandsturm über einer
Straßenbaustelle
zwischen Dunhuang
und Nanhu

40°26′N 94°05′O

Die Dafangpan-Festung war auch als Lagerhaus am Fluss oder He Cang Cheng bekannt. Errichtet in der Han-Dynastie, steht es 60 Kilometer nordwestlich von Dunhuang; es diente während der Dynastien der Wei und der Jin als Kornspeicher für die Garnisonen an der Großen Mauer. Die Mauern weisen dreieckige Belüftungsöffnungen auf

Signalturm aus der Qing-Dynastie an der Piste durch die Steinwüste nach Yumenguan, Kunxin

40°21'N 93°52'O

Das Jadetor, im
Yumenguan-Abschnitt der
Großen Han-Mauer,
Dunhuang. Sie schützte
die strategisch wichtigste
Passage auf der Seiden-
straße. Hier stießen die
Mauern von Yangguan
und Lop Nur in Xinjiang
aufeinander

196

40°21′N 93°46′O

Nahaufnahme des
Yumenguan-Abschnitts
der Großen Han-Mauer,
Dunhuang, erbaut aus
Lagen von Schilfbündeln
und kiesversetztem Lehm

40°21′N 93°46′O

Signalturm über den
Salzmarschen hinter dem
Yumenguan-Abschnitt der
Großen Han-Mauer,
nordwestlich von
Dunhuang. Er war Teil des
Sicherungssystems an der
Seidenstraße und diente
den Reisenden als
Wegmarkierung. Die im
Umkreis solcher Türme
gefundenen, 2000 Jahre
alten Gegenstände
umfassen hölzerne
Talismänner, Gürtel-
schnallen von Garnisons-
soldaten, Pfeilschäfte,
Lackarbeiten, einen Kamm
und einen aus Flachs
geflochtenen Kinderschuh

40°21'N 93°46'O

Erodierter Teil des
Yumenguan-Abschnitts
der Großen Han-Mauer,
Dunhuang. Die
Himmlischen Felder –
flache, sandgefüllte
Gräben, auf denen
Eindringlinge ihre
Spuren hinterlassen
mussten – verliefen
parallel zum Wall

Koordinaten unbekannt

Ein Ende der Großen
Han-Mauer in der
Wüste von Taklamakan

DIE GROSSE MAUER IN DER GESCHICHTE

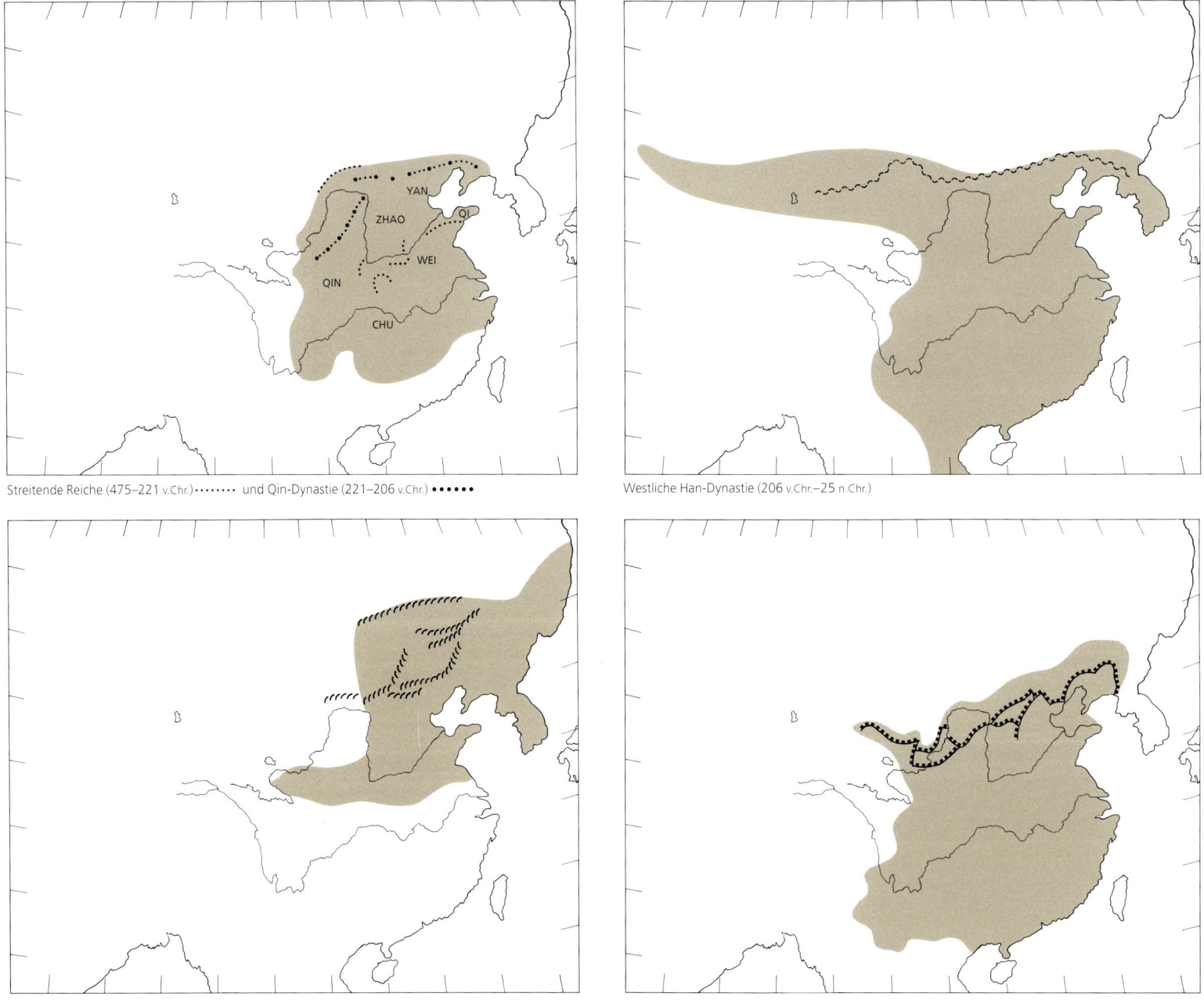

Streitende Reiche (475–221 v.Chr.) •••••••• und Qin-Dynastie (221–206 v.Chr.) •••••

YAN

ZHAO

QI

WEI

QIN

CHU

Westliche Han-Dynastie (206 v.Chr.–25 n.Chr.)

Jin-Dynastie (1115–1234)

Ming-Dynastie (1368–1644)

DIE GROSSE MAUER IN DER GESCHICHTE LUO ZHEWEN

Jahrhunderte lang galt die Große Mauer in China als eines der antiken Weltwunder. „Wer die Große Mauer nicht gesehen hat, ist kein echter Mann", sagt ein chinesisches Sprichwort, und aus ihm klingt die Hochachtung, die nicht nur die Chinesen, sondern auch ausländische Gäste, Experten und Reisende für diese architektonische Glanzleistung empfinden. 1987 nahm die UNESCO die Große Mauer in die Liste des Weltkulturerbes auf.

Auf chinesisch heißt die Große Mauer „Die zehntausend *li* Mauer". Ein *li* ist eine chinesische Meile und entspricht etwa einem halben Kilometer; tatsächlich aber ist die Mauer noch viel länger. Wenn wir die erste Mauer mit allen ihren in späteren Dynastien erbauten Ergänzungen nehmen, kommen wir auf eine Gesamtlänge von über 100.000 *li*. Sie ist mit ihren Ausmaßen nicht nur in China, sondern weltweit unübertroffen.

Die Große Mauer ist mehr als ein Verteidigungsgürtel oder eine Grenzlinie; sie ist eine Ingenieurkonstruktion, die in sich Zwecke der Verteidigung und Kommunikation, Signaltürme mit ihren vielen Tor-Festungen und noch viele weitere Aspekte vereinigt. Mit ihren vielen Festungstoren, über 1000 Festungen und mehr als 10.000 auf und längs an ihr errichteten Signaltürmen scheint sie buchstäblich ganz Nordchina abzudecken. Sie wuchs und wurde entsprechend den politischen und militärischen Erfordernissen jeder Dynastie umgestaltet, gleichgültig, ob deren Hauptstadt im Norden, Süden, Osten oder Westen lag. Bis heute zeigt die Große Mauer ein sich ständig wandelndes Gesicht; sie schlängelt sich durch weite Grasebenen, durchquert die Wüste Gobi, sie steigt und fällt, sie tanzt und windet sich.

Eine lange Geschichte

Der Bau der Großen Mauer begann bereits im 8. Jahrhundert v. Chr. Sie ist damit zwar keinesfalls der älteste Bau der Antike, aber ihre Bauzeit von über 2000 Jahren erreicht kein anderes Bauwerk auf Erden.

Die Geschichte der Großen Mauer unterteilt man gewöhnlich in zwei Abschnitte. Der erste markiert die Periode vor der Regentschaft des Kaisers Qin, die im Jahr 217 v. Chr. begann; hier entstand die Mauer der „Frühlings"- und „Herbstepoche" (770-476 v. Chr.) und der Streitenden Reiche (476-221 v. Chr.), in welcher zahlreiche Lokalfürsten um die Vormacht kämpften. Die Erste Mauer entstand im 7. Jahrhundert v. Chr. im Staate Chu, und bald darauf errichtete man weitere Mauern von unterschiedlicher Länge in den Ländern Qi, Zhongshan, Wei, Zheng, Han, Qin, Yan und Zhao. Einige waren unter 1000 *li* lang, die längsten von ihnen maßen mehrere 1000 *li*.

Das zweite Zeitalter der Mauer begann 217 v. Chr. mit der Machtergreifung durch den Qin-Kaiser im gesamten Land. Über zehn Dynastien setzten jetzt die Arbeiten an der Mauer fort, darunter die Qin, Han, Nord- und Ost-Wei, Nord-Qi, Nord-Zhou, Sui, Liao, Jin, Yuan und Ming. Die Hauptarbeiten führte man unter den Qin, Han, Jin und Ming durch. Unter dem ersten Qin-Kaiser erreichte die Mauer eine Länge von über 10.000 *li* und kam so zu ihrem Namen „Zehntausend *li* Mauer". Die Han-Mauer erstreckte sich vom Ufer des Gelben Flusses bis ins Herz der Provinz Xingkiang, und im Norden enstand zusätzlich eine äußere Mauer. Beide Mauern zusammen maßen bereits mehr als 20.000 *li,* etwa 10.000 Kilometer. Unter den Jin wuchs die Mauer um weitere 10.000 *li* von der Provinz Heilongjiang bis zum Ufer des Gelben Flusses.

Als letzte arbeitete die Ming-Dynastie in großem Umfang und mit neuen Techniken an der Mauer und verlängerte sie nochmals um etwa 7.300 Kilometer. An wichtigen Stellen wurde sie mit Mauerwerk verkleidet, um ihre Standfestigkeit zu erhöhen. Das meiste dessen, was wir heute noch von ihr sehen, geht auf die Ming-Zeit zurück. Während ihrer 2000-jährigen Geschichte bauten und reparierten neben den bereits erwähnten Dynastien auch die Tang, Song und Qing an der Mauer, so dass man mit Fug und Recht feststellen kann, dass die Große Mauer seit ihrer Entstehung ununterbrochen gewachsen und immer wieder erneuert worden ist.

Zwei wichtige Aspekte dürfen hier nicht unerwähnt bleiben. So waren die Arbeiten an der Mauer unter dem ersten Qin-Kaiser zum Schutz seines Reiches vor den Xiongnu bestimmt, einem nichtchinesischen Stamm, hinter dem manche Historiker die Hunnen vermuten. Gleichzeitig ließ er die Mauern anderer Staaten zerstören, um diese von bewaffneten Übergriffen abzuhalten.

Der zweite Aspekt liegt in der Tatsache begründet, dass im Vielvölkerstaat China häufig auch Vertreter von Minderheiten zum Kaiser gekrönt wurden. So gab es nach den Qin (217-210 v.Chr.) nur drei Dynastien mit Kaisern chinesischer Nationalität, die sich nennenswert um die Fortführung der Bauarbeiten verdient machten: die Han, Sui und Ming. Dagegen arbeiteten viele von den Minderheiten geführte Dynastien an der Mauer, besonders die Nord- und Ost-Wei, die Nord-Qi, Nord-Zhou, Liao und Jin. So wurde die Große Mauer zugleich auch zum Gemeinschaftswerk aller Minoritäten Chinas.

Die Bedeutung der Mauer in der Geschichte Chinas.

Beginnend mit den Shang und Zhou vor etwa 3-4000 Jahren erlebten die Ebene des Gelben Flusses und Nordchina eine ganz Reihe von Dynastien: Qin, Han, Sui, Tang, Song, Liao, Jin, Yuan, Ming und Qing. Ihre Hauptstädte und Paläste, die Herrschaftszentren, entstanden im Zentralland des Gelben Flusses, in den Provinzen Shaanxi und Shanxi und in Peking.

Die Führer der Minderheiten – gleich ob aus den Bergen von Shaanxi, der mongolischen Hochebene, der pinienbedeckten Ebene von Liaoning oder aus dem Süden Chinas – drängten mit ihren Dynastien in diese zentrale Ebene, um dort um die Kaiserwürde zu kämpfen. Die Fruchtbarkeit des Landes am Gelben Fluss, der hohe Stand von Wissenschaft, Technik und Kultur boten die besten Voraussetzungen für die geistigen und materiellen Anforderungen einer Regentschaft.

Gleich welcher Dynastie oder Minderheit ein neuer Regent angehörte, seine erste Sorge nach dem Regierungsantritt galt der Sicherheit und dem friedlichen Zusammenleben seiner Untertanen. Die größte Bedrohung ging von den Reiterstämmen aus, die von Norden, Nordosten und Nordwesten her angriffen. Sie stießen ebenso blitzschnell vor, wie sie wieder verschwanden, und kein General vermochte ihnen Einhalt zu gebieten. Jahrhunderte lange Erfahrungen aus den Zeiten der „Frühlings"- und „Herbstepoche" und den Zeiten der Kriegsstaaten (770-217 v. Chr.) bis hin zu den Qin und Han hatten gelehrt, dass die beste Verteidigung gegen diese plötzlichen Attacken schneller Reiterhorden in der Errichtung von Schutzmauern lag. Diese Erkenntnis wurde zur Triebfeder einer Jahrtausende langen Bautätigkeit an Verteidigungsmauern. Gleichgültig, ob die Herrscher von den Reitervölkern aus der Mongolei oder von Reisigen der nördlichen Ebenen wie den Nord-Wei, Liao oder Jin gestellt wurden: hatten sie erst einmal die Macht ergriffen und gesichert, kümmerten sie sich um die Erhaltung der Mauer, um ihr Reich zu schützen.

Insgesamt erwies sich die Große Mauer als wirkungsvoller Schutz des Landes und seiner Einwohner. Als die Qi während der „Frühlings"- und „Herbstepoche" die Chu angreifen wollten, zogen sie sich angesichts des gewaltigen, befestigten Mauerwalles zurück, ohne die Schlacht zu suchen. Auch als in der späten Ming-Zeit

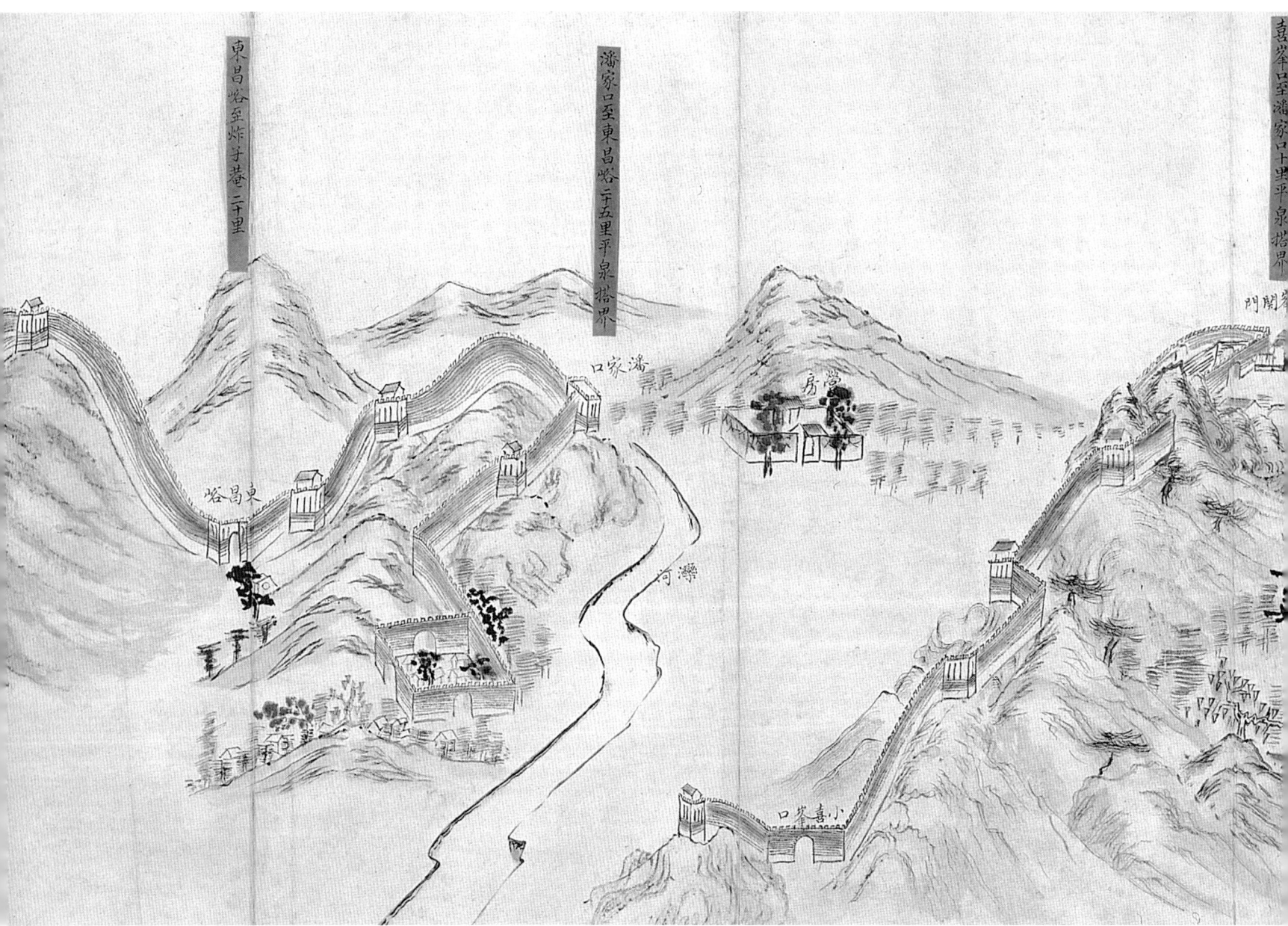

東昌峪至炸子巷二十里

潘家口至東昌峪二十五里平泉搭界

喜峰口至潘家口十里平泉搭界

潘家口

東昌峪

灤河

營房

門關家

小喜峰口

210

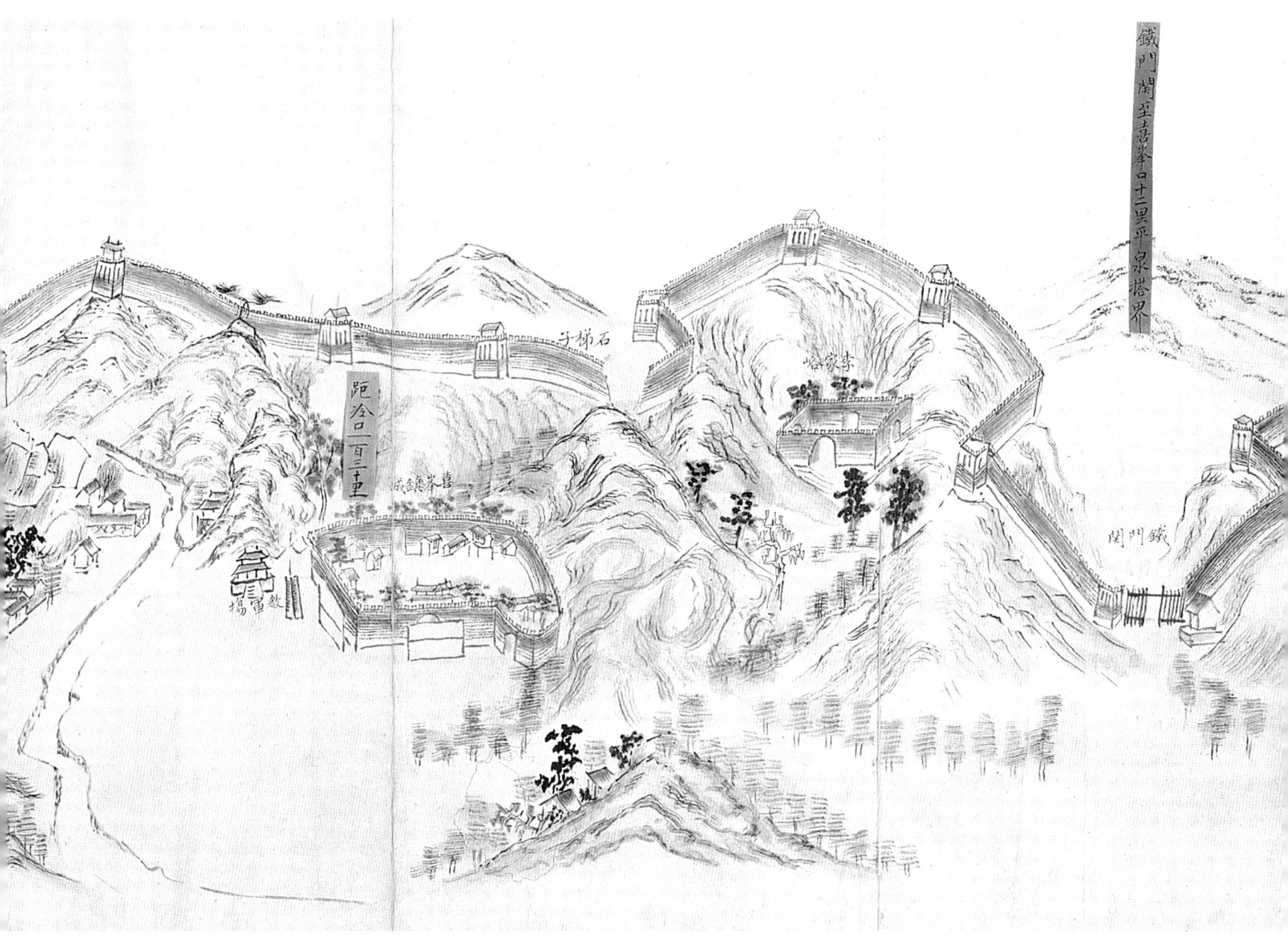

距今口一百二十里

城鎮峯喜

于梯石

数軍場

李家峪

鐵門關

鐵門關至喜峯口十二里平泉塔界

Diese Darstellung aus dem frühen 18. Jahrhundert zeigt die Große Mauer zwischen Shanghaiguan und Louwenyu auf ungefähr 140 Kilometern Länge. Zwischen den Türmen sind die Entfernungen angegeben. Die Festung von Shanghaiguan steht in strategisch wichtiger Position dort, wo die Große Mauer das Meer erreicht. Die Inschrift am Osttor lautet „Das erste Tor auf Erden" die Jin Ningyuan im Osten der Mauer angriffen, hätte der Ming-General Yuan Chongyan die Stadt wohl mit Hilfe der Mauer halten können, wenn sich die Truppen in Shanhaiguan nicht der Qing-Armee ergeben hätten. Anderenfalls wäre die militärische Eroberung von Shanhaiguan außerordentlich schwierig gewesen. Es gibt viele weitere Beispiele in der Geschichte der Mauer, die von ihrem Nutzen in der Abwehr feindlicher Attacken und dem Schutz von Land und Leuten Zeugnis ablegen.

Die Große Mauer war in ihrer mehrtausendjährigen Geschichte neben ihrer rein militärischen Bedeutung auch ein wichtiger Faktor für die Außenbeziehungen Chinas, für die wirtschaftliche Entwicklung des Nordens, für die Vereinigung der Minderheiten, für den kulturellen Austausch und für vieles andere mehr. Im 2. Jahrhundert v. Chr. sah sie die Entstehung der Seidenstraße, die im Schutz der Mauer und ihrer Signalfeuer dem ungehinderten Handelsverkehr Bahn schuf.

Die Ankunft von Siedlern und die landwirtschaftliche Produktion für die Garnisonen übten großen Einfluss auf das dünn besiedelte und rückständige Hinterland im nördlichen China aus, und die meisten heutigen Städte entlang der Mauer verdanken ihre Entstehung deren Schutz. Die Versorgung zehntausender Garnisonssoldaten und Siedler brachte die Waren und die Kultur der Zentralebene und anderer Gebiete auch in die Grenzregionen. Umgekehrt brachten abgelöste Grenztruppen sowie Siedler und Händler des Nordens ihre Güter und Kulturen in die Zentralebene und in das übrige China; sie förderten so den kulturellen Austausch und die wirtschaftliche Entwicklung. In dieser wie in vielen anderen Beziehungen leistete die Große Mauer kaum zu unterschätzende Beiträge.

Militärorganisation und Nachrichtenübermittlung
Die militärische Organisation der Großen Mauer war ganz auf ihren defensiven Charakter ausgerichtet. Über Jahrtausende hinweg war sie zum Bindeglied des Landeszentrums mit seinen Grenzregionen geworden. Das Grundprinzip bestand im Schutz des Landes durch Unterteilung des Walles in aneinandergrenzende Sektionen. So bestand beispielsweise die über 14.000 *li* lange Ming-Mauer aus zwölf Garnisonen oder Militärbereichen, jede mit einem Hauptquartier als oberste Autorität, das seinerseits wieder dem Kriegsministerium unterstand. Die Größe jeder Garnison hing von der Größe des Gebietes ab, das sie zu schützen hatte – sie reichte von 10.000 bis über 100.000 Mann (bei insgesamt über einer Million Soldaten). Je nach den örtlichen Gegebenheiten gab es *lu* oder Feldstäbe unterhalb der

Hauptquartiere, die von untergeordneten Offiziersrängen geführt wurden. Ein derartiges Kommando hatte etwa zehn Tore und ein entsprechendes Teilstück der Mauer zu kontrollieren. In der Nähe der Mauer entstanden die Garnisonsstädte als Basen für das militärische Wachpersonal. In der Mauer selbst und in ihrer Nähe gab es außerdem noch zahlreiche Festungsanlagen mit Besatzungen von zehn bis hundert Mann, je nach den örtlichen Gegebenheiten und Verteidigungsaufgaben. Die kleinsten Einheiten jeder Garnison bildeten die Besatzungen der Wachtürme auf der Mauer und der Leuchtfeuer an ihrer Peripherie. Sie waren in Wachen eingeteilt und hatten das Gelände zu patroullieren und zu beobachten. Innerhalb der Gesamtorganisation existierten sieben Verwaltungshierarchien. Meldungen gingen von der untersten Stufe über die sechs folgenden bis zum Kriegsministerium und von dort an den Kaiser selbst. Den gleichen Weg nahmen die Befehle des Kaisers wieder zurück. Dies nannte man das System der „Kontrolle von Stufe zu Stufe".

Natürlich gab es bei der Koordination der Garnisonen längs einer 10.000 *li* langen Mauer mit ihren Nebenmauern und Schutzzonen auch Probleme zu überwinden. Die militärische Nachrichtenübermittlung musste also schnell und zuverlässig arbeiten. Hierzu entwickelten

die Militärstrategen vor 2000 Jahren einen Signalcode auf der Basis von Feuer- und Rauchzeichen. Die Leuchttürme erhielten im Lauf der Zeit verschiedene Namen: Leuchtpavillon, Rauchmündung oder Wolfsrauchturm. Sie waren einander vom Bauprinzip her ähnlich – eine zehn Meter hohe Plattform auf gestampfter Erde, Steinen oder Ziegeln. An ihrem Fuß fanden sich die Wohnbehausungen, Ställe und die Lager für das Reisig. Näherten sich Feinde, so meldete man dies tagsüber mit Rauchzeichen und nachts mit Feuersignalen. Dabei bestimmte die Zahl der Feinde die Größe des Feuers. Diese Art der Meldung ging sehr schnell: eine Botschaft konnte innerhalb von Minuten von Turm zu Turm über 1000 *li* an das Hauptquartier, das Kriegsministerium und den Kaiser selbst weitergeleitet werden. Insgesamt mehr als 10.000 Leuchttürme verknüpften so die Mauer zu einer Einheit.

Konstruktion der Mauer

Während ihrer mehrtausendjährigen Geschichte gewann man immer neue Erkenntnisse bei der Planung, der Statik und dem Material, aus dem die Mauer errichtet, erweitert und instand gehalten wurde. Aber es gab auch einige Konstanten in ihrer Planung und Ausführung. Die wichtigste von ihnen lässt sich in dem Satz zusammenfassen: „Baue entsprechend dem natürlichen Umfeld; schütze Taldurchlässe mit Festungen." Diese Erkenntnis hat man in der über zweitausendjährigen Baugeschichte der Mauer stets befolgt. Im Hochgebirge und auf gefährlichen Gipfeln passt sich die Höhe der Mauer den geografischen Gegebenheiten und den örtlichen strategischen Bedürfnissen an. Sie nutzt Abgründe und Felswände, Flüsse und Seen als natürliches Glacis. Tore ordnete man strategisch so an, dass „ein Mann sie halten kann und zehntausend nicht durchkommen".

Weil das Land, das die Mauer durchquert, so riesig ist, berührt sie die unterschiedlichsten geologischen Formationen. Dies führte zur Devise: „Baue entsprechend dem natürlichen Umfeld und nutze das Baumaterial welches dort vorkommt." So verwendete man im Gebirge Steine zur Errichtung der Mauer, während man auf Lössböden mit gestampfter Erde baute. Wo gemauert wurde, vermauerte man lokal hergestellte Ziegel. In der Wüste Gobi baute man die Mauer aus Schichten von Palmwedeln, Rohrkolben und Kies. So sparte man sich unnötige Arbeits- und Transportkosten. Die verschiedenen Bauweisen sind heute noch sichtbar; neben der Steinmauer haben auch Mauerstücke aus gestampfter Erde, Ziegeln oder Kompositkonstruktionen aus Palmwedeln und Kies dem Zahn der Zeit widerstanden.

Vielfältig ist auch die Herkunft der Menschen, die am Bau der Mauer mitwirkten: Garnisonssoldaten, Zwangsarbeiter, Militärsträflinge und abgesetzte Beamte arbeiteten Schulter an Schulter mit Bauhandwerkern, Steinmetzen und Handwerkern für Erd- und Holzbauten. Von Anbeginn oblagen Bau und Unterhalt der Mauer dem vor Ort anwesenden Personal, und noch heute kann man auf den Steinsäulen der Wachtürme die eingravierten Namen der Soldaten entziffern, die im Laufe der Zeit dort zu Bauarbeiten eingesetzt worden waren.

Die Mauer heute

Der historische Nutzen der Mauer ist heute längst Geschichte; die Schlachtfelder und Verteidigungsanlagen der Vergangenheit taugen allenfalls noch für den Geschichtsunterricht. Aber ihre Großartigkeit und ihre solide Bauweise machen sie zu einem unsterblichen Vermächtnis für kommende Generationen.

Neben ihrer Bedeutung für den Tourismus und für historische Forschungen dient die Mauer als dauerhafter Speicher und Indikator großer Naturereignisse der Vergangenheit – Risse zeugen von früheren Erdbeben, das Kommen und Gehen von Steppen, Wüsten und Ackerbau hinterlässt seine Spuren. Der Wissenschaftler kann an ihr die Abläufe von Beben ebenso studieren wie das Vordringen der Wüste oder das Wachstum der Wälder; und er kann daraus Erkenntnisse für den Erhalt der Umwelt und die Aufrechterhaltung des ökologischen Gleichgewichts gewinnen.

Die Große Mauer ist ein wertvoller nationaler und internationaler archäologischer Schatz und ein ehrfurchtvoll bestauntes Werk. Sie steht heute vollständig unter Schutz, wichtige Teilstücke werden renoviert und chinesischen wie ausländischen Touristen zugänglich gemacht. Neben den Aufwendungen der chinesischen Regierung für den Erhalt der Mauer gibt es finanzielle Hilfen aus allen Gesellschaftsschichten des In- und Auslands. In den 1990er Jahren erstellte man eine umfassende wissenschaftliche Studie über die gesamte Mauer, und 1999 begann das Projekt „Begrünung der Großen Mauer". Mit ihm versucht man das Vordringen der Wüste durch Baum- und Grasanpflanzungen längs

der Großen Mauer einzudämmen. Auch die durch Sandstürme verursachte Erosion der Mauer soll hierdurch vermindert werden. In den ausgewählten Provinzen will man die ökologische nachhaltige Land- und Forstwirtschaft und den sanften Tourismus fördern.

Wir haben schon viele Filme gemacht, Fotodokumentationen angelegt und Bücher über die Mauer veröffentlicht, und doch haben wir immer noch nicht genug getan, um dieses Wunderwerk bekannt zu machen. Wir sind uns aber sicher, dass diese Neuveröffentlichung der Fotos von Daniel Schwartz das Wissen über die Mauer mehren und ihre einmalige Erscheinung noch weiteren Kreisen greifbar machen wird. Dieser Band wird das Verständnis für die alte Kultur Chinas überall dort verbessern, wo es erscheint, und es wird so zum Verständnis der Kulturen der Welt beitragen.

DANK

Für V. T.

Mein Dank gilt:

Den an der Großen Mauer lebenden Menschen, meinen Begleitern und Fahrern, die mich 1987–88 zu den bestehenden und entlang der verschwundenen Mauern geführt haben.

Professor Luo Zhewen, Direktor der Expertengruppe für alte Architektur im Staatlichen Büro für das chinesische Kulturerbe, Präsident der Chinesischen Gesellschaft für Kulturelle Überlieferungen und Vizepräsident der Gesellschaft für die Große Mauer. Er hat seine Leidenschaft für die Große Mauer an mich weitergegeben und mich im Verlauf späterer Kurzbesuche zu weiteren Aufnahmen angeregt.

Zhang Xioyu, vormaliger Geschäftsführer der Gesellschaft für die Große Mauer. Wang Dinkao von der Gesellschaft zur Erforschung der Großen Mauer in Beijing. Wang Jincheng in Shenyang; Wang Yuecheng in Qinhuangdao; Peng Siqi in Beijing; Xie Tingqui und Yuan Hairui in Datong; Li Yiyou, Wang Xiaohua und Wang Dafang in Hohhot; Xu Cheng in Yinchuan; Wu Renxian und Yue Bangfu in Lanzhou; und dem verstorbenen Gao Fengshan in Jiayuguan. Sie halfen in ihrer Eigenschaft als Angehörige der Kulturverwaltung.

Dem Solothurnischem Kuratorium für Kulturförderung, welches 1988 mit einem Werkjahr die Entstehung der Fotografien förderte.

Dieter Bachmann, früherer Chefredakteur der Kulturzeitschrift „du", Zürich, der mich auf einem schicksalhaften Teil der Reise begleitete. Den Freunden von Lookat Photos in Zürich.

Die Fotos in diesem Buch entstanden zwischen April 1987 und Oktober 1988, ausgenommen die auf S. 51, aufgenommen 1990, auf S. 83 und 85, aufgenommen 1993 und auf S. 116–123, aufgenommen 2000.

Die Vergrößerungen stellte der Autor auf Ilfobrom Galerie FB Fotopapier her.